23 novembre 1867 Notes Produit — 3712,50

nons des vendeurs

CATALOGUE

D'UNE RÉUNION

DE

TABLEAUX ANCIENS

DES ÉCOLES

Française, Flamande, Hollandaise et Italienne;

DONT LA VENTE AUX ENCHÈRES PUBLIQUES AURA LIEU

HOTEL DES COMMISSAIRES-PRISEURS

RUE DROUOT, N° 5

SALLE N° 4

Le Samedi 23 Novembre 1867

A DEUX HEURES PRÉCISES

Me **DELBERGUE-CORMONT**, Commissaire-Priseur,
rue de Provence, 8,
Assisté de M. **DHIOS**, Expert, rue Le Peletier, 33,
Chez lesquels se délivre le présent Catalogue.

EXPOSITION PUBLIQUE

Le Vendredi 22 Novembre 1867, de une heure à cinq heures.

PARIS
RENOU & MAULDE
IMPRIMEURS DE LA COMPAGNIE DES COMMISSAIRES-PRISEURS
Rue de Rivoli, 144

CATALOGUE

D'UNE RÉUNION

DE

TABLEAUX ANCIENS

DES ÉCOLES

Française, Flamande, Hollandaise et Italienne;

DONT LA VENTE AUX ENCHÈRES PUBLIQUES AURA LIEU

HOTEL DES COMMISSAIRES-PRISEURS

RUE DROUOT, N° 5

SALLE N° 4

Le Samedi 23 Novembre 1867

A DEUX HEURES PRÉCISES

Me **DELBERGUE-CORMONT**, Commissaire-Priseur, rue de Provence, 8,

Assisté de M. **DHIOS**, Expert, rue Le Peletier, 33,

Chez lesquels se délivre le présent Catalogue.

EXPOSITION PUBLIQUE

Le Vendredi 22 Novembre 1867, de une heure à cinq heures.

PARIS

RENOU & MAULDE

IMPRIMEURS DE LA COMPAGNIE DES COMMISSAIRES-PRISEURS

Rue de Rivoli, 144

1867

CONDITIONS DE LA VENTE

Elle sera faite au comptant.

Les Acquéreurs paieront en sus du prix d'adjudication, CINQ POUR CENT, applicables aux frais.

L'Exposition mettant les Acquéreurs à même de se rendre compte de l'état des Tableaux, il ne sera reçu aucune réclamation, une fois l'adjudication prononcée.

DÉSIGNATION

DES

TABLEAUX

AMIGONI (JACQUES).

1 — Diane et Actéon.

ARY SCHEFFER (Esquisse attribuée à).

2 — Palycarc prisonnier.

BALEN (VAN).

3 — Actéon changé en cerf. — Sur cuivre.

BERRÉ.

4 — Animaux au pâturage.

BILCOQ.

5 — Nature morte.

Coquillages, Vases, Sphère, posés sur une table couverte d'un tapis.

BOECKHOVEN (VAN DER).

6 — Porcs devant l'étable.

BOUCHER.

7 — Paysage orné de figures. *Mala 1825*

BOUCHER (École de).

8 — Les Saisons. *0*
Quatre Compositions formant pendant.

BOURGUIGNON.

9 — Combat autour d'un drapeau. *noterman 1812*

BRAKENBURG.

10 — Scène d'intérieur animée d'un grand nombre de figures. *Lefevre 1826*

BRAKENBURG (Genre de).

11 — Fête flamande. *noterman 1812*

BRAMER (L. de).

12 — Jésus guérissant un aveugle. *noterman 1812*

BRILL (Paul).

13 — Paysage. *Mala 1825*

BRILL (École de Paul).

14 — La Fuite en Égypte. *0*

CABAT.

15 — Paysage de Picardie. *Hocquet 1811.*

CABEL (VAN DER).

16 — Marine. *Mala 1825*

CARLO DOLCI. *20 à 28*

17 — La sainte Vierge et l'Enfant Jésus. *Lefevre 1826*

CARLE VAN LOO. *40 à 105*

18 — La Belle Jardinière. Elle est armée d'une serpette et porte une corbeille de fleurs. — Cadre en bois sculpté. *Lefevre 1826*

CARRACHE (LOUIS).

19 — Religieux en prière. *Noterman 1812*

CRESPI (JOSEPH-MARIE).

20 — Buveur. *Noterman 1812*

DEMACHY.

21 — Ruines de temples romains.

Dans le fond, l'aspect du Louvre après l'incendie. *Hocquet 1811.*

DREUX (A. DE).

22 — Amazone et Cavaliers au milieu d'un paysage. *0.*

DROUAIS.

23 — Portrait d'un jeune Homme. *Mala 1825*

DUFRESNOY (Élève de MIGNARD).

24 — Portrait d'Anne d'Autriche. (Ovale.) *Hocquet 1811.*

Marie Thérèse

FERRARI (L.).

25 — Vision de saint François.

FRANCK.

26 — Réception d'un ambassadeur à Venise.

GENGEMBRE.

27 — Attaque de zouaves.

GOYEN (VAN).

28 — Paysage.

DU MÊME.

29 — Paysage-Marine.

GONZALES COQUES.

30 — Portrait d'une Comédienne.

GUERCHIN.

31 — Béatrix de Cenci sous les traits d'une sainte sans auréole. — Cadre en bois sculpté.

HEINSIUS.

32 — Portrait de Femme. (Époque de la République.)

HONDECKOETER.

33 — Coq, Poules, Poussins et Canards près d'une mare d'eau.

LANCRET (École de).

34 — La Déclaration.

LANCRET (D'après).

35 — Les Amusements champêtres.

LAURI (Ph.).

36 — Repos de Diane.

LENAIN.

37 — Le Bénédicité.

MAES (N.).

38 — Portrait de jeune Femme représentée assise à l'entrée d'un parc.

MAES (N.). Signé à gauche sur la colonne.

39 — Portrait de la Régente.

Ce tableau a fait partie de la Collection Van den Zande.

MAES (École de).

40 — Portrait d'une jeune Dame.

MIGNARD (École de).

41 — Portrait d'une fille de Louis XV.

MOMMERS.

42 — Patineurs flamands.

MORONI.

43 — La Leçon de musique.

MURILLO (Esquisse attribuée à).

44 — Repos de la sainte Famille.

NAPOLITAIN (PHILIPPE).

45 — Une Bataille de cavalerie.

NETSCHER.

46 — Portrait de Rachel Ruisch, peintre de fleurs.

NOLLEKENS (Élève de D. TÉNIERS FILS).

47 — Intérieur flamand.

OUDRY.

48 — Chien en arrêt devant des faisans.

PANINI (Attribué à).

49 — Femmes à la fontaine à l'entrée d'un palais.

PATEL.

50 — Deux Gouaches faisant pendant : Vues d'Italie.

VAN DER POEL (Signé).

51 — Marine.

RAOUX.

52 — Portrait d'une Dame de qualité.

Elle est assise tenant sur ses genoux une corbeille de fleurs.

RANBALLER (Signé).

53 — La Vie au château ; scènes familières.

Compositions animées d'un grand nombre de figures.

Deux pendants.

RAVESTEYN (Nicolas Van).

54 — Portrait de Femme.

DU MÊME.

55 — Portrait d'Homme.

RIGAUD.

56 — Portrait d'une Dame de qualité. — Cadre en bois sculpté.

ROTTENHAMER.

57 — La Vierge et l'Enfant Jésus entourés d'anges.

SALVATOR ROSA.

58 — Paysage avec grotte et pêcheurs.

SEVERDONCK (Van).

59 — Pendant le déluge. Esquisse.

STEENWYCK.

60 — Nature mort : Poissons, Légumes et Ustensiles de cuisine.

SWAGERS.

61 — Paysage et Animaux.
Deux Pendants.

DU MÊME.

62 — Paysage avec berger conduisant des animaux.
Deux Pendants.

TOBAR (École de MURILLO).

63 — La Nativité.

VAN OS (J.). Signé. 1800.

64 — Fleurs et Fruits.

VIEN.

65 — Portrait de Femme en vestale. — Cadre en bois sculpté.

WATTEAU.

66 — Un Fleuve.

DU MÊME.

67 — Jeune Femme portant un mantelet garni de fourrures. (Ovale.)

WENIX le Vieux.

68 — Attaque de brigands dans des ruines.

ÉCOLE ALLEMANDE.

69 — Allégorie historique.

ÉCOLE FRANÇAISE.

70 — Villageois attablés à la porte d'un cabaret.

DE LA MÊME.

71 — Rixe de Villageois à la porte d'une auberge.

DE LA MÊME.

72 — Portrait de Femme, XVIIe siècle.

DE LA MÊME.

73 — Portrait de Jean-Jacques Rousseau enfant.

DE LA MÊME.

74 — Portrait d'une Dame peintre-miniaturiste.

DE LA MÊME.

75 — Jeune Fille donnant le grain aux poules.

ÉCOLE FLAMANDE.

76 — Portrait de Femme.

ÉCOLE ITALIENNE.

77 — Le Massacre des Innocents.

ÉCOLE MODERNE.

78 — Marine ; naufrage à l'entrée d'un port.

ÉCOLE ESPAGNOLE.

79 — Paysans en adoration devant la Madone.

ÉCOLE VÉNITIENNE.

80 — Portrait d'un Religieux.

CONSTANTIN (A.).

81 — Scène galante. (Aquarelle.)

W. GUNTON (École anglaise).

82 — Mine de plomb et Aquarelle.

QUAST.

83 — Dessin à la sanguine.

REMBRANDT.

84 — Son Portrait. Sépia par lui-même.

ÉCOLE MODERNE.

85 — Deux Aquarelles, représentant des petits objets usuels et artistiques maures et arabes.

86 — Sous ce numéro, 15 Dessins anciens de différents maîtres.

Renou et Maulde, imprimeurs de la Compagnie des Commissaires-Priseurs, rue de Rivoli, 144. 9204

www.ingramcontent.com/pod-product-compliance
Lightning Source LLC
LaVergne TN
LVHW021709230826
846092LV00002BA/938

9782329585826